Lb 3943.

AF230223

(Session de 1844).

PÉTITION

ADRESSÉE

A MM. LES PRÉSIDENS ET MEMBRES DES CONSEILS GÉNÉRAUX

DU ROYAUME,

PAR M. QUENTIN.

Lb⁵¹ 3943.

PÉTITION

A MM. LES PRÉSIDENS ET MEMBRES DES CONSEILS GÉNÉRAUX

DU ROYAUME.

BIBLIOTHÈQUE ROYALE

MESSIEURS,

Votre session promet d'être féconde en résultats, car elle s'ouvre en présence des plus imminens dangers. Vous n'êtes effrayés ni de l'immensité de votre tâche, ni de la gravité de la situation, parce que vous comprenez les devoirs de l'une et l'importance de l'autre. Aussi vous empêcherez tout à la fois l'orage financier qui gronde sur nos têtes d'éclater incessamment, et la nouvelle invasion que diverses puissances méditent depuis longtemps.

Je sais que vous joignez à une vaste intelligence beaucoup de patriotisme et d'énergie, et qu'on n'a besoin de vous rappeler ni l'étendue de votre mission ni la diversité des intérêts qu'elle embrasse. Ce n'est pas dans ce but que je viens vous supplier de m'accorder quelques momens d'attention. Habitué depuis longues années aux matières financières, j'ai dû et je dois à mes concitoyens, à ma patrie, la communication de mes pensées sur les affaires du pays et sur les tendances de nos gouvernans. Les finances sont le mobile et le plus fort levier d'un Etat; tout se lie, s'enchaîne et se rattache à elles; mais leur grande progression, quelle que soit l'habileté ministérielle, amène tôt ou tard une catastrophe. C'est pour la prévenir que je vous adresse mes doléances, et je suis convaincu que vous les accueillerez avec la justice, la bienveillance, la dignité et l'indépendance qui vous animent toujours.

Vous savez, Messieurs, que l'article 2 de notre constitution a déterminé le principe de l'impôt; il a voulu qu'il fût proportionnel, c'est-à-dire réparti selon la fortune de chacun. Ce mode de

1844

distribution des charges publiques exclut toute partialité, toute injustice, car un contingent général fixe, invariable, se traduit en contingens particuliers attribués aux départemens. Ces contingens doivent se diviser en contingens d'arrondissemens, de cantons et de communes. Alors un marc le franc est établi, et tout contribuable a le droit d'examen et de contrôle, pour apprécier et juger l'exactitude de l'application des taxes qu'il doit supporter.

On devait croire que ce principe serait respecté tant que la constitution consacrerait son existence. Il n'en a point été ainsi; on l'a violé dès 1831 par la loi du 26 mars, qui fut elle-même frappée de réprobation, puisque la législature de 1832 la rapporta le 21 avril, moins peut-être le 2e § de son article 26, laissé comme jalon d'attente contre les patentes. Cette atteinte au principe fondamental devait produire d'autres effets, car la pensée dominante du système était la progression incessante des charges publiques. Aussi apparurent successivement, presque à l'insu de nos législateurs, l'article 2 de la loi du 17 août 1835 contre les propriétaires de constructions nouvelles dont les taxes venaient en addition du contingent, au lieu d'atténuer les charges des autres contribuables; l'article 2 de la loi de finances du 11 juin 1842, contre l'impôt des portes et fenètres, fait impôt de *quotité*; et la loi de finances de 1845, faite toute à la fois contre les taxes mobilière, personnelle et foncière, qu'elle dénature complétement, en leur donnant implicitement pour base l'arbitraire posé dans les lois du 26 mars 1831 (art. 1er) et du 17 août 1835, arbitraire qui rend *facultatifs, variables, et de quotité*, enfin, tous les impôts directs qui devraient être de répartition.

Vous n'êtes point appelés, messieurs, à donner votre approbation à une aussi affligeante transformation; mais vous avez le droit d'improuver ces mesures subversives, quoique législativement adoptées; car, comme les députés, plus qu'eux peut-être, vous êtes les représentans des contribuables. C'est même sur vous que pèse la plus grande part de responsabilité pour l'application des charges et pour leur distribution, parce que c'est vous qui recevez presque immédiatement leurs vœux avec la mission de les faire entendre et de les transmettre au pouvoir exécutif. Comme les minorités de la Chambre des députés, vous avez peut-être cru à l'innocence des lois que je vous dis dangereuses, parce que vous avez eu foi dans le langage ministériel; mais, en présence de l'accroissement énorme de l'impôt, d'un budget qui, depuis 1830, a augmenté de *moitié*, il ne vous est plus possible de demeurer dans une confiante sécurité.

Le temps est venu, messieurs, de faire entendre la vérité aux gouvernans sur les craintes qu'inspirent les concessions de toute sorte qu'ils font à nos voisins au détriment de notre honneur national et au préjudice des contribuables, en forçant arbitrairement leurs charges. Si l'intimidation ne parvient jamais jusqu'à vous, et si vous fermez tout accès aux séductions, j'ai la certitude que votre parole aura une favorable influence.

Il y a bien longtemps déjà, messieurs, que le système se trouve gêné par la législation des 3 nivôse, 2 messidor, 1er brumaire et 4 frimaire an 7; 4 germinal an 12 et 21 avril 1832. Pourquoi? parce que ces lois, proclamant l'équité et se rapprochant des principes de la Charte en matière d'impôts, ne permettent pas l'extension facultative des taxes. Il ne leur reconnaît pas assez d'élasticité. Aussi, c'est toujours à la loi du 26 mars 1831, cette loi abrogée par celle de 1832, qu'il se reporte, parce qu'elle subtitue partout la *quotité* à la répartition.

Nous avons, vous le savez, une mauvaise loi électorale, appuyée sur la fortune ou sur ce qui paraît la représenter; de toutes parts on demande sa révision, afin de la mettre en harmonie avec les dispositions de notre contrat national. Un travail de cette nature aurait restitué à tous les contribuables les droits que la loi électorale de 1831 leur a enlevés; on ne pouvait donc pas en accueillir les propositions, parce que c'eût été détruire un privilége et un monopole exploités par le pouvoir exécutif et tous ceux qui dépendent de lui. On les repoussa. Mais, est-ce à dire qu'en présence de ces plaintes légitimes, constamment réitérées, le système voulût demeurer sous une législation qui ne lui offrait qu'une majorité incertaine, douteuse? Non. Ne se contentant pas de sa puissance légale et politique, il chercha à l'accroître; il en puisa le moyen dans la loi du 26 mars 1831, et dans l'insuffisante prévoyance de la loi du 1er brumaire an 7. Qu'arriva-t-il? Nous vîmes apparaître, d'une part, la nouvelle loi sur les *patentes*, cette loi qui institue l'inquisition fiscale dans le commerce et dans l'industrie, en imposant les patentables d'après l'ANALOGIE de leurs opérations; et, d'une autre part, la loi de finances de 1845, ce complément d'une législation rétrograde et destructive!

Eh bien! messieurs, la loi sur les patentes, qui met les professions industrielles et commerciales à la discrétion du fisc, et qui, par son article 20, fait le ministre des finances juge en dernier ressort de l'application des taxes, n'est pas encore la plus dangereuse pour notre avenir politique et financier. C'est la loi de finances de 1845; c'est cette loi, d'un style inexplicable pour quiconque ignore la fiscalité, qui renferme un code électoral tout entier, code qui donnera la faculté de vous déshériter, de vous priver de votre droit de voter. Les art. 1er, 2 et 3, qui constituent toute la loi, n'ont pas la franchise de le dire catégoriquement ; mais on apprend cette inconstitutionnelle création par leur interprétation et par les habiles rapports signés Bignon (de la Loire-Inférieure) et Vuitry (député de l'Yonne). Ouvrez le premier, page 379, et le second, page 64, et vous serez immédiatement convaincus. Je conviens que ces travaux révèlent une profonde habitude des matières qui y sont traitées. Ces messieurs ont fait accorder de véritables dotations au système ; ils ont droit à une récompense.... Incessamment, l'histoire financière et politique inscrira sur ses tablettes qu'ils sont devenus ministres !....

Ainsi, plus de doute pour l'établissement d'un rôle spécial des patentes. En est-il de même pour la transgression du reste du code électoral de 1831 ? Pour moi, plus de doute non plus. Où sont les élémens de cette effrayante violation ? Dans la dernière loi de finances, qui pose en principe la faculté de DIMINUER le contingent de certains départemens, et d'AUGMENTER celui de certains autres. Les conseils généraux auront la mission de répartir entre les arrondissemens, soit l'augmentation, soit la diminution. Mais dira-t-on, là n'est pas le droit de *faire* ou de *défaire* des électeurs ; je reconnais ce point, puisque le droit est dans l'*émission* du rôle spécial des patentes et dans l'*application* des taxes, soit de patentes, soit mobilière et personnelle. En effet, si le rôle des patentes n'est *émis* qu'au mois d'août au lieu de l'être dans les trois premiers mois de l'année, les patentables auront-ils le temps de se faire inscrire ? Si, publié au commencement de l'année, ce rôle a omis à dessein une partie des contribuables patentés, qu'on reprendra peu après par un rôle supplémentaire, les *omis* pourront-ils se faire inscrire sur les listes ? Non. Ces omissions, qu'on appellera *involontaires*, se rattacheront-elles aux *amis* du système ? A quelques-uns peut-être, mais la généralité appartiendra toujours à l'opposition. Quant à l'application des taxes, rien n'est plus facile : Si un patentable de quatrième classe, bien pensant, ou imposé à une classe plus inférieure, ne paie pas le cens, on le porte à une classe supérieure, et, sans le dégrever, *dans le cours de l'année*, il reçoit une modération, c'est-à-dire, la *remise* d'une partie de la taxe. Envers les contribuables non patentables, voici comment on procédera : Ne pouvant augmenter les cotes foncière et fenêtres, l'administration agira sur la contribution mobilière, qu'elle élèvera à un chiffre suffisant pour donner le cens ; puis, en temps utile, elle dégrèvera d'office en ordonnant, plus tard, l'emploi du dégrèvement en réimposition, parce que le contingent de cette contribution ne peut-être restreint; d'ailleurs, le trésor ne perd jamais. Avec ce subterfuge ingénieux, le système aura simultanément ses électeurs *triés* et ses jurés *probes et libres*. Mais il restera la question de savoir si les départemens, les arrondissemens, les cantons et les communes qui n'auront que des charges de plus, s'en accommoderont et souffriront qu'une inquisition électorale frappe d'incapacité physique plus de huit millions de contribuables. Sera-ce tout? Vous entendrez les préfets et les agens supérieurs du fisc, attribuer la réduction du contingent départemental aux efforts de tels députés, et son augmentation, à l'opiniâtre résistance de tels autres. Alors il est évident pour tous que la corruption sera légale en matière électorale. Que conclure de tout cela? *Qu'on a créé le moyen de contraindre les électeurs à ne nommer que des hommes qui appartiennent au système.*

Les bases facultatives ascendantes et descendantes relatives à la contribution foncière, résident donc, dès à présent, dans les lois de finances de 1835 et de 1845; bientôt, néanmoins, on aura l'air de vous consulter en vous demandant s'il ne serait pas convenable de s'occuper de la révision de la classification des terres et des propriétés bâties, sous le prétexte que les unes paient trop et les autres pas assez. Un projet de loi, à cet égard, est prêt à sortir des cartons ministériels. Ce qu'on veut obtenir de vous, c'est votre simple assentiment à ce qui est déjà fait, et qu'on se propose de consacrer légalement. C'est ainsi que le recensement, contre lequel vous vous êtes si énergiquement prononcés, a amené la loi sur les patentes et les surtaxes excessives qui nous atteignent tous. Votre avis, favorable ou non, sera suivi de la légalisation de l'impôt de *quotité* en matière de contributions directes; vous n'aurez rien fait, rien voulu, rien proposé de semblable, et cependant, la reponsabilité apparente en pèsera sur vous. Votre mission, dans la pensée du système qui sait circonscrire vos travaux; ne peut pas embrasser les intérêts publics; vos devoirs, selon la constitution, doivent être graves et étendus. En ce qui vous concerne, la constitution est violée.

La transformation de l'impôt de répartition en impôt de *quotité* soustraira dorénavant les contribuables au joug de tout recensement, parce qu'avec ce mode d'application qui *repousse* un contingent fixe et invariable, toute supputation est inutile, toute voie comparative échappe, puisqu'on frappe partout un peu plus ou un peu moins. C'est l'arbitraire en permanence.

Si vous pouviez autre chose, messieurs, qu'inscrire des plaintes et des vœux dans vos procès-verbaux, je vous supplierais de porter vos regards sur les grands intérêts du pays, si sérieusement menacés au dedans comme au dehors ; mais, alors que ce devrait être votre première manifestation, il vous est interdit de vous en occuper !... Ainsi, je vous aurais entretenu de ces demandes incessantes de dotations et d'apanages, de ces courses princières, soit chez nous, soit au-delà du détroit, en Algérie, sur les eaux de la Méditerranée et de l'Océan. Je vous aurais demandé votre pensée sur *l'entente cordiale*, sur notre abaissement politique, sur le droit de visite, sur la paix partout *quand même*, sur la honte qu'on attache à notre drapeau sur tous les points du globe, sur la concurrence fatale à tous nos intérêts commerciaux, sur nos alliances politiques, sur ces affligeans désaveux jetés à la face d'officiers de nos armées qui ont compris la valeur de nos droits et la dignité de la France..... Je vous aurais dit de reporter vos souvenirs sur ce que la France éprouva à Saint-Jean d'Ulloa, au Mexique, dans la Nouvelle-Zélande, aux îles Marquises, en Chine, à Saint-Domingue, en Perse, en Belgique, en Suisse, en Grèce, en Egypte, en Allemagne, en Espagne, en Portugal, aux Etats-Unis, en Syrie, en Algérie, dans le Maroc... Je vous aurais prié de vous attacher un moment à la composition de la Chambre des députés, aux travaux législatifs qui sortent de ses mains et à la presse parisienne comme à celle des départemens... Je vous aurais parlé de la corruption qui brise toutes les intelligences, anéantit toute probité politique ; de ce régime d'ordonnances appliqué à nos tarifs restrictifs, tracassiers et illibéraux de douanes, tarifs qui devraient commander, sinon la franchise, du moins l'aide et l'assistance à l'importation comme à l'exportation des produits... Je vous aurais dit mon opinion sur les contributions indirectes qui accablent le commerce, l'industrie et l'agriculture ; sur la politique avec laquelle le système a constamment dirigé les majorités, sur la responsabilité ministérielle devenue illusoire, sur notre exclusion de la généralité des marchés du globe, sur toutes les injures que nos gouvernans nous font essuyer, sur la puissance qui nous convient le mieux comme *alliée* et avec laquelle nous ferions respecter partout le droit des nations... Enfin, je vous aurais prié d'expliquer si le bombardement de Tanger, exécuté sous la protection de l'agent anglais, chargé de *négocier* préalablement sur notre honneur national attaqué par les Marocains, est un *fait* attestant ou notre *prépondérance* ou notre *subordination*, car je ne comprends ni la présence de cet agent sur le vaisseau amiral, ni la froide spectative des forces anglaises pendant l'action, alors que l'Angleterre avait *paru* s'opposer à l'infliction du châtiment. Je vous aurais parlé de tout cela, et vous eussiez

répondu : « *Il y a là quelque chose à faire, beaucoup à dire ; exami-*
nons ces hautes questions ; approuvons ou blâmons, car il nous est
donné, à nous, dépositaires et interprètes immédiats des pensées de
la souveraineté nationale, de transmettre tout à la fois nos suppli-
ques et nos remontrances !... Mais, dans l'état actuel de notre législation et des mœurs politiques qu'on nous a faites, je ne puis
me permettre ni d'invoquer votre sollicitude, ni de chercher à
surexciter votre patriotisme. On vous a fait une position station-
naire, muette, et la liberté qui confère au simple citoyen le droit
illimité de pétition, vous ne l'avez même pas !!!

Quoi ! Messieurs, nous habitons le pays le plus civilisé du globe,
qui paie plus de deux milliards d'impôts, qui a proclamé depuis
longtemps son indépendance, et qui, sous tous les rapports, a
toujours marché à la tête des grandes nations, et le *paupérisme* y
est d'un progrès effrayant ! et l'*organisation du travail* ne peut y
être implantée ! et il en est réduit à ignorer l'emploi des impôts
qu'il supporte ! et au dedans comme au dehors, les autres nations
le font humble, craintif, suppliant, sans énergie et sans nationalité ! A quoi bon parler de notre prospérité toujours croissante, si
elle ne contribue pas à effacer la misère de nos *neuf millions* d'in-
digens ? A quoi bon élever si haut notre puissance et nos libertés,
si nos gouvernans nous affaiblissent afin de satisfaire la cupidité
et la haine de l'étranger contre nous ? Est-ce que la France, qu'on
ne trouve point appauvrie puisqu'on sait lui faire payer plus de
deux milliards d'impôts, ne pourrait pas, un jour, rompre les
chaînes dont on veut la charger et punir l'insolence de ceux qui
tentent ou méditent son anéantissement ? Le jour où le système
se sera enveloppé dans le manteau national le pays sera formida-
ble. On ne veut plus de baïonnettes étrangères en France, et le
souvenir des invasions subies doublerait nos forces. Que le système marche donc avec la nation et pour la nation ! alors vous
verrez comme on nous respectera partout !...

Les conseils généraux, en présence de ces faits capitaux, ne
sont-ils pas contraints au mutisme et à l'impassibilité ? Quand
tout souffre autour d'eux, ils ne peuvent dire ni écrire que l'on
souffre !... Mais cette infirmité légale, qui ne résulte pas de notre
droit politique, n'est-elle pas guérissable ?... Quoi ! ils ne peuvent
pas formuler des vœux, 1° pour la révision de la loi de 1816 rela-
tive aux céréales et des tarifs concernant l'entrée des bestiaux
étrangers, du combustible, des fers, fonte, etc. ; 2° pour la suspension des travaux formidables et des bastilles qui menacent
de détruire un jour la plus belle capitale du monde ; 3° pour la
réparation de nos places fortes, qui sont dans un affreux déla-

brement, et pour l'amélioration de nos places maritimes, qu'on laisse ouvertes depuis Dunkerque jusqu'à Toulon ; 4° pour la présentation de la loi promise sur les irrigations ; 5° pour la canalisation de nos rivières, travaux essentiels, peu coûteux et d'une exécution aussi facile que simple ; pour l'empêchement des avaries, des naufrages, etc. ; 6° pour l'abolition des lois intermédiaires sur la presse et la liberté individuelle ; 7° pour le rapport des lois de septembre et des annonces judiciaires ; 8° pour la révision des lois sur l'organisation municipale, des gardes nationales, des conseils cantonnaux, d'arrondissement et de département ; 9° pour la réorganisation immédiate et le complet armement des gardes nationales, que dans l'esprit de la charte on ne devrait jamais dissoudre ; 10° pour la réduction et la répartition vraie des charges publiques ; 11° pour que la liberté de la presse soit affranchie de l'impôt qui l'écrase ; 12° pour la révision des lois électorale et du jury, afin qu'elles soient l'expression de la charte, en admettant tous ceux qui paient l'impôt à participer à l'exercice des droits de la représentation ; 13° pour la rentrée de l'Etat dans les propriétés nationales, notamment dans celles situées sur la rive gauche du Rhin, aliénées depuis 1814 contrairement aux lois, etc. ; 14° pour la construction et l'exploitation par l'Etat de quatre grandes lignes de fer seulement ; 15° pour l'extinction de tout monopole, du mode adopté pour l'emprunt, de tout gaspillage, etc. ; 16° pour l'exclusion de la représentation nationale de toute personne pourvue d'un emploi rétribué par l'Etat ou s'y rattachant ; 17° enfin, pour la disparition de tout ce qui pourrait produire et perpétuer les abus et la violation de la charte ?

Si les conseils généraux, Messieurs, ne peuvent s'expliquer sur les griefs que je viens d'énoncer, croyez-vous qu'en dehors de leurs fonctions il leur soit défendu d'élever la voix ? Qu'ils parlent ! Puissans par leur position nationale et influens par leur fortune, leurs efforts et leur langage ne seront pas stériles. Je ne leur demande pas d'appeler un nouveau régime ; je ne loue ni la république ni l'empire ; je ne m'occupe pas de la légitimité ; mais, voulant que le gouvernement représentatif soit une VÉRITÉ, je sollicite le développement des institutions qu'il exige. Dans ce cas, Messieurs, soit que vous délibériez comme corps, soit que vous agissiez comme simples citoyens, vous écouterez mon intercession.

Et, en effet, pouvez-vous être satisfaits de l'état de nos finances et de la souscription d'un emprunt de 450 millions, en face d'un budget d'au moins DEUX MILLARDS ? Voyez-vous avec bonheur se continuer l'école de ces faciles financiers qui se succèdent depuis 1830 au pouvoir ? Voyez-vous la prospérité financière ailleurs que dans l'accroissement prodigieux des taxes et de l'arbitraire qui les applique et les perçoit ? Etes-vous éclairés sur l'emprunt de 450 millions que la législature de 1841 accorda, et sur la moralité des concessions des voies de fer ? Applaudissez-vous à la dépense faite pour la construction des paquebots transatlantiques, qu'on laisse en repos parce que la *cordiale entente* ne veut pas qu'ils sillonnent les mers ? Admirez-vous l'indépendance et le patriotisme de nos représentans ? Pensez-vous qu'où la garde nationale n'existe pas de fait, la Charte ait les gardiens auxquels elle doit être confiée ? Approuvez-vous que les Caisses d'épargne, au lieu de servir au soulagement de vos localités, soient des emprunts déguisés allant grossir les coffres du Trésor public pour alimenter les jeux de bourse ? Sourirez-vous lorsqu'incessamment on vous entretiendra de l'urgence des apanages et des dotations ? Aimez-vous que la loi sur les patentes institue l'inquisition dans le commerce et l'industrie, et que la loi de finances de 1845 fasse de toutes les contributions directes un impôt de *quotité* ? Etes-vous les adversaires de la répartition, et la croyez-vous moins constitutionnelle que la *quotité* ? Etes-vous satisfaits aussi du nouveau code électoral qui fait du principe une véritable pépinière que l'administration entretiendra à son gré ? Pensez-vous que le peuple se croie heureux de l'ilotisme où on le relègue, d'avoir à supporter d'énormes droits d'octroi, de payer le SEL plus de 500 pour cent au-delà de sa valeur réelle, et de manquer des objets de première nécessité ? Etes-vous satisfaits également de voir les dépenses votées avant les recettes ? Est-ce qu'il est logique et d'une sage administration de déterminer sa dépense avant d'avoir compté et arrêté ses ressources ? Enfin, êtes-vous assurés qu'en face de tant d'élémens contradictoires et hétérogènes, nous possédons les libertés et les garanties que la Charte a voulu nous dispenser ?

Telle est pourtant la position des conseils généraux, Messieurs. Non, ils ne peuvent faire entendre aucune manifestation ! oui, il leur est interdit de protester contre ces assauts de portefeuilles sans cesse renouvelés ; contre la loi de régence qui blesse notre constitution et nos droits ; contre l'existence d'une pairie et d'une magistrature *inamovibles*, quand la constitution et le gouvernement ne le sont pas ; contre cette funeste *entente cordiale* qui nous rend constamment tributaires de l'Angleterre ; contre ces jeux et ces fluctuations de majorités qui défont le lendemain ce qu'elles avaient décidé la veille ; enfin, contre cette politique tortueuse qui nous déconsidère partout. Il ne leur est pas même permis de dire que le sol de la France produit assez de céréales, et qu'on nous fait payer le pain trop cher!! Puis-je vouloir, après cela, qu'il se récrient contre ce vandalisme qui nous étreint et met la cognée dans les forêts de l'Etat, au mépris des lois sur l'aliénation de ses biens? Contre cet esprit tyrannique qui fait de Paris, Lyon, Toulouse, Caen, Marseille, etc., de véritables places de guerre? Puis-je leur demander s'ils savent qu'on veut nous faire comprendre que, sous le feu du canon, aux pieds de hautes murailles, d'escarpes et de contre-escarpes, de forteresses plus formidables les unes que les autres, à l'aspect de créneaux, de ponts-levis, de casemates, de retranchemens, de chevaux de frise, et au bruit d'évolutions militaires, la prospérité publique s'accroît et la civilisation se développe? Puis-je aussi leur déclarer que, dans la pensée du système, nous devons nous croire le peuple le plus riche, le plus intelligent et le plus herreux du monde? Et quand je le pourrais, leur apprendrais-je qu'un ministère qui s'appellera le 1er mars, le 13 février, le 15 avril, le 11 août et le 29 octobre, ne fera jamais le bonheur de la France?

Mais, si les conseils généraux ne peuvent que former des vœux, en quoi donc leur mission peut-elle être utile au peuple? Est-ce que le législateur, en les instituant, a entendu qu'ils fussent sans droits, et que leur action consistât seulement à traduire les résolutions des Chambres et les instructions administratives, pour en distribuer les conséquences à chacun des arrondissemens locaux? Il n'est donc pas vrai qu'ils doivent éclairer les Chambres et l'administration sur les besoins et les ressources des départemens? Si ces conseils ne sont que des instrumens passifs, que sont donc les conseils d'arrondissemens, qui n'entrent en session et ne fonctionnent qu'après eux? que deviennent dès-lors les conseils municipaux, ces surveillans immédiats des communes, ces protecteurs nés des citoyens? Quel sort est dévolu ensuite aux intérêts des communes, aux droits et aux libertés de tous leurs habitans? Tous ces conseils, qui ne représentent rien, puisqu'ils n'agissent pas *proprio motu*, sont-ils l'expression d'une représentation véritable? sont-ce des intermédiaires indispensables entre les citoyens et l'administration, puisque celle-ci ne les appelle à délibérer qu'à la condition de ne pas s'écarter des prescriptions qu'elle leur impose? Sont-ils bien libres ces conseils qu'un préfet peut dissoudre lorsqu'il les suppose en contact avec lui ou avec ses subordonnés? et, quand un caprice peut les anéantir, ils se croiraient représentatifs! Oh! non; un tel sentiment ne leur est plus possible aujourd'hui.

Mais, à quoi bon de si ardens efforts, si, comme devant les Chambres, ils doivent être sans fruit? Il n'en sera pas ainsi, car on m'invite à persévérer. — Est-ce que lorsqu'il s'agit de libertés publiques, d'honneur et de patrie, il y a encore de l'écho en France !..... — Il y a le peuple, qui répond toujours. — En effet, le peuple ! n'est-il pas la nation ? N'est-ce pas lui qui cultive le sol, creuse les canaux, construit les édifices, l'orne de monumens, compose l'armée, défend la patrie attaquée, paie l'impôt ?... Le peuple ou la nation c'est le socle d'une puissance redoutable et invincible. C'est avec lui et pour lui qu'il faut marcher ; ce sont ses droits et son indépendance qu'il faut toujours respecter, maintenir et défendre. Mais si on les aliène ou méconnaît, ne les reprend-il pas lui-même tôt ou tard ? Que le système y songe ! le peuple est mécontent parce qu'il souffre..... Sera-t-il toujours indifférent ?... Pour moi, la voix du peuple c'est comme la voix de Dieu ; je l'ai entendue et je travaille pour lui en m'adressant à vous.

Si je vous ai aussi longuement parlé des conseils généraux, messieurs, c'est que je le devais : cela me dispense, d'ailleurs, de vous entretenir des attributions et des droits des conseils qui, selon l'ordre hiérarchique, marchent après vous. Et maintenant, croyez-vous que votre position et la leur soient conformes à l'esprit et aux conséquences de la Charte ? si ces conseils n'ont ni les prérogatives ni la liberté d'action qui leur appartiennent, pourquoi ne pas réclamer la révision de leur loi d'institution ? Le temps n'est-il pas venu d'arrêter et de prévenir tous les abus, tous les moyens de corruption ?....

Je cesse de vous fatiguer, messieurs ; mais, en finissant, et au nom des libertés publiques, de l'intérêt que vous portez à vos concitoyens ; au nom de l'agriculture, du commerce et de l'industrie, des sciences, des lettres, des arts, de notre indépendance méconnue et de notre dignité outragée ; au nom de la Charte, enfin, ce Code *national* qui doit être vrai, je viens vous supplier, sinon comme corps constitué, au moins comme hommes, comme citoyens, de joindre vos efforts aux miens, en SOLLICITANT de la législature prochaine la révision de nos INSTITUTIONS et de NOTRE LÉGISLATION, pour les METTRE EN HARMONIE avec la Charte constitutionnelle ;

En conséquence nous obtiendrons,

1° Le retrait de la loi du 17 août 1835, en ce qui concerne les constructions nouvelles, et celui de la loi de finances du 11 juin 1842, quant aux portes et fenêtres ;

2° Le maintien des lois du 3 nivôse an VII, du 2 messidor an VII, du 1er brumaire an VII, du 4 frimaire an VII, du 4 germinal an XII, et du 21 avril 1832, relatives à l'assiette et à la répartition de l'impôt direct ;

3° La révision des lois sur la chasse, le recrutement, les produits vinicoles ;

4° La révision spéciale de la loi de finances de 1845, et la suppression des passages des rapports de MM. Bignon et Vuitry, en ce qu'ils étendent le cercle de cette loi ;

5° La révision de la loi des ports ; de celle sur les crédits supplémentaires, complémentaires, etc. ;

6° La révison de la loi de 1816 sur les céréales, et des tarifs relatifs à l'introduction des bestiaux étrangers, fer, fonte, houille, etc. ;

7° La suspension des travaux des bastilles parisiennes ; la réparation de nos places frontières ; l'amélioration de toutes nos places maritimes ; la loi sur les irrigations ; la canalisation de nos rivières et l'abrogation des lois intermédiaires sur la presse et la liberté individuelle ;

8° Le rapport des lois de septembre et sur les annonces judiciaires ;

9° La révision des lois sur l'institution municipale, des gardes nationales, des conseils cantonnaux, d'arrondissement et de département ;

10° La réorganisation immédiate et l'armement des gardes nationales dissoutes ;

11° La réduction de l'impôt et sa répartition exacte ;

12° La suppression de l'impôt du timbre et la réduction du cautionnement des journaux ;

13° La révision des lois électorale et du jury ; l'admission de tous les contribuables à l'exercice des droits de la représentation ;

14° La restitution immédiate à l'Etat des propriétés nationales aliénées contrairement aux lois, depuis 1814, ainsi que des sommes dues à la France par l'Angleterre, l'Espagne et la Belgique ;

15° La construction par l'Etat de quatre grandes lignes de chemins de fer seulement ;

16° La suppression de tout monopole, du sel, des tabacs, etc. ;

17° L'exclusion de tout fonctionnaire de la Chambre des députés ;

18° L'organisation du travail et l'extinction du paupérisme ;

19° La révision des lois relatives à l'instruction publique, à l'enseignement, à l'institution des conseils d'arrondissement et des conseils généraux ;

20° La révision des lois sur l'institution des conseils de préfecture et du conseil d'État ;

21° Le rapport de la loi sur les caisses d'épargne, en ce qui touche le dépôt des fonds au Trésor ;

22° La réduction des droits d'octrois et des autres contributions indirectes ;

23° L'emploi équitable et *national* du produit de nos impôts ;

24° L'examen par la Chambre du budget des recettes AVANT celui des dépenses.

25° Enfin, l'Algérie, définitivement réunie à la France, régie et et représentée comme la métropole.

C'est, Messieurs, dans le but de rendre à la France tous ses droits et tous ses avantages, que j'ai appelé votre puissant concours à me venir en aide. Votre patriotisme et votre nationalité me laissent espérer que vous me l'accorderez.

Paris, le 20 août 1844.

QUENTIN,

Ancien Receveur des finances, chargé du travail
sur la loi des patentes, etc.

42, rue des Mathurins.

Imprimerie de E. BRIÈRE, rue Sainte-Anne, 55.

BIBLIOTHEQUE ROYALE

256

www.ingramcontent.com/pod-product-compliance
Lightning Source LLC
Chambersburg PA
CBHW051247070726
47594CB00013B/3808